Impressum
Verlag: BABADADA GmbH, Nedderfeld 112 , 22529 Hamburg
Geschäftsführer / Verlagsleitung: Harald Hof
Druck: Books on Demand GmbH, In de Tarpen 42, 22848 Norderstedt

Imprint
Publisher: BABADADA GmbH, Nedderfeld 112 , 22529 Hamburg, Germany
Managing Director / Publishing direction: Harald Hof
Print: Books on Demand GmbH, In de Tarpen 42, 22848 Norderstedt, Germany

мактаб

школа

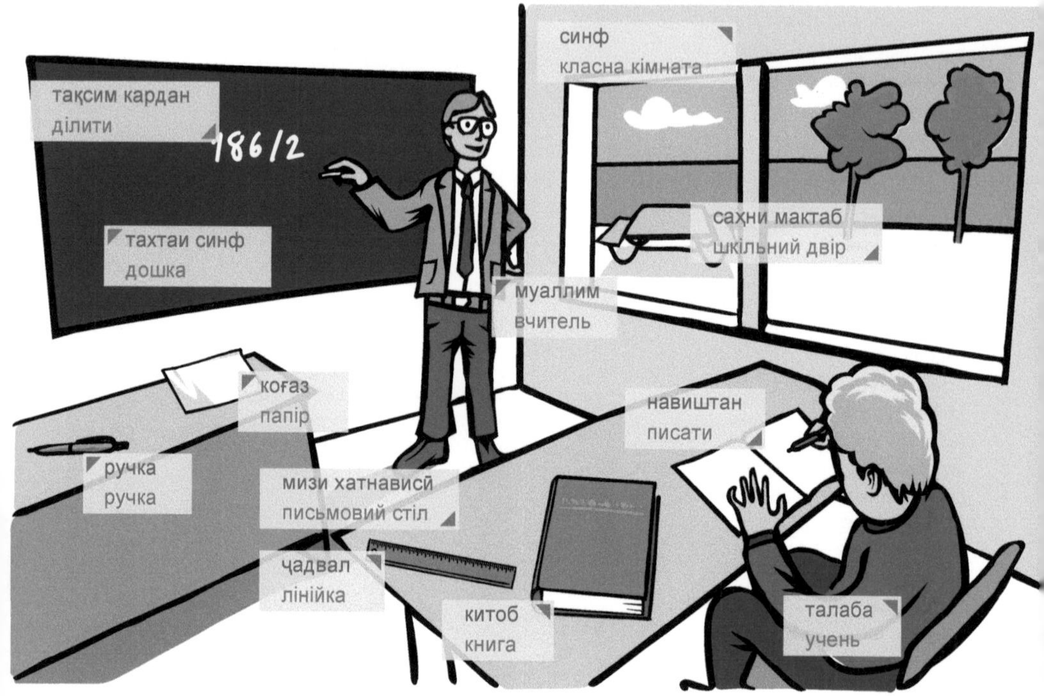

синф
класна кімната
тақсим кардан
ділити
186/2
тахтаи синф
дошка
саҳни мактаб
шкільний двір
муаллим
вчитель
коғаз
папір
навиштан
писати
ручка
ручка
мизи хатнависӣ
письмовий стіл
ҷадвал
лінійка
китоб
книга
талаба
учень

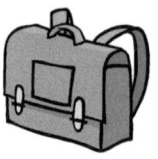

ҷузвдон

ранець

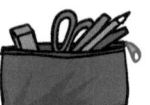

қаламдон

пенал

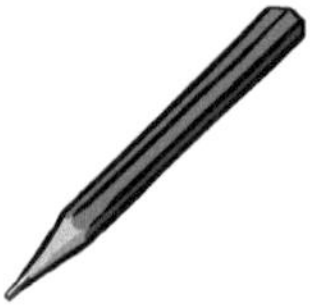

қалам

олівець

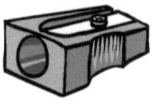

қаламтезкунак

точило

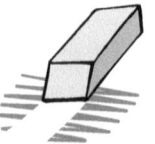

хаткуркунак

гумка

блокноти расмкашӣ

альбом для малювання

расм

малюнок

мӯқалами рассомӣ

пензель

қуттии рангҳо

коробка фарб

қайчӣ

ножиці

widреш

клей

дафтари машқ

зошит

вазифаи хонагӣ

домашнє завдання

рақам

число

ҷамъ кардан

додавати

кам кардан

віднімати

зарб задан

множити

ҳисоб кардан

рахувати

ҳарф

літера

алфавит

абетка

калима

слово

матн

текст

хондан

читати

бӯр

крейда

дарс

година

журнали синфй

класний журнал

имтиҳон

екзамен

шаҳодатнома

диплом

либоси мактабй

шкільна форма

таҳсил/маориф

освіта

энсиклопедия

лексикон

донишгоҳ

університет

микроскоп (more frequently used)

мікроскоп

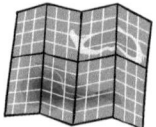

харита

карта

сабади партофҳои коғазй

кошик для паперу

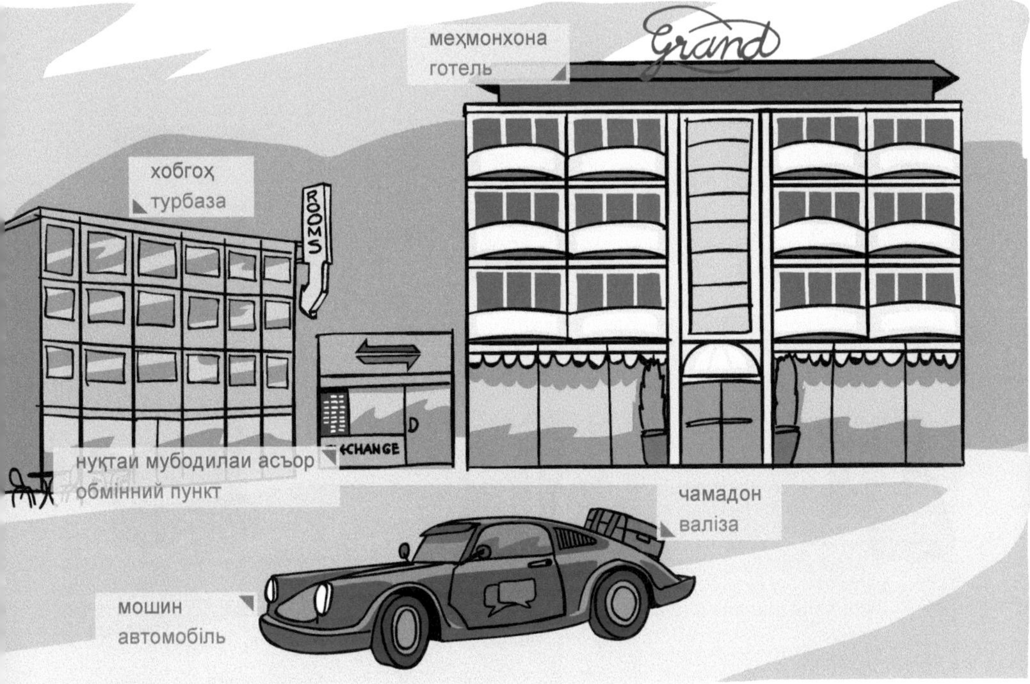

меҳмонхона
готель
Grand
хобгоҳ
турбаза
ROOMS
EXCHANGE
нуқтаи мубодилаи асъор
обмінний пункт
чамадон
валіза
мошин
автомобіль

забон

мова

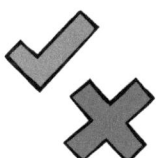

ҳа / не

так / ні

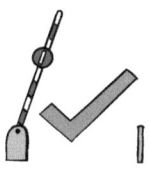

Хуб

добре

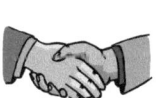

Ассалому алейкум

привіт

тарҷумон

перекладач

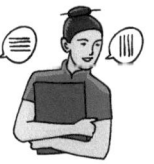

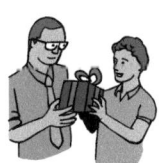

Раҳмат

дякую

чӣ қадар аст ...?

Скільки коштує ...?

Ман намефаҳмам

Я не розумію

проблема

проблема

шаб ба хайр!

Добрий вечір!

субҳ ба хайр

Доброго ранку!

шаби хуш

На добраніч!

хайр

До побачення

равона

напрямок

бағоҷ

багаж

чузвдон

сумка

борхалта

рюкзак

меҳмон

гість

хона

кімната

хобхалта

спальний мішок

хайма

намет

маълумоти сайёҳӣ

туристична інформація

соҳил

пляж

корти кредитӣ

кредитна картка

наҳорӣ

сніданок

хӯроки пешин

обід

хӯроки шом

вечеря

чипта

квиток

лифт

ліфт

марка

поштова марка

сарҳад

межа

Гумрук

митниця

сафорат

посольство

раводид

віза

шиносно̄ма

паспорт

нақлиёт

транспорт

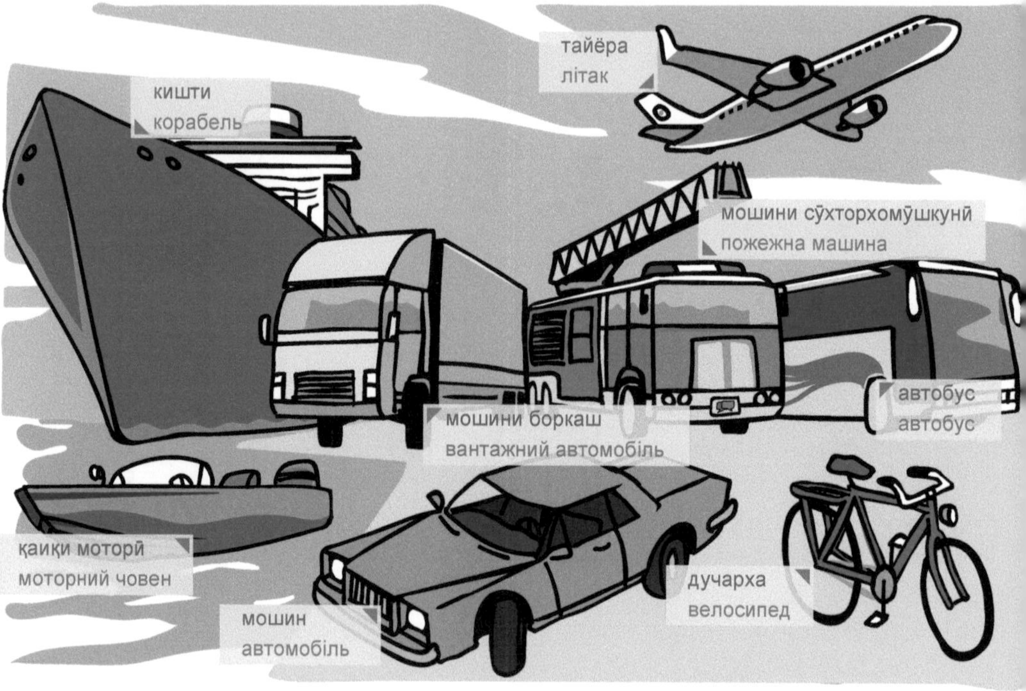

тайёра
літак
кишти
корабель
мошини сӯхторхомӯшкунӣ
пожежна машина
автобус
автобус
мошини боркаш
вантажний автомобіль
қаиқи моторӣ
моторний човен
дучарха
велосипед
мошин
автомобіль

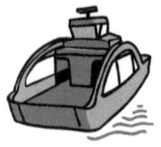

паром

пором

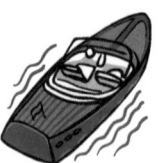

қаиқ

човен

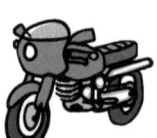

мотосикл

мотоцикл

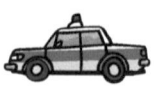

мошини полис

поліцейська машина

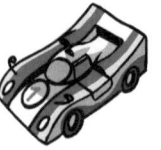

мошини тезрави пойгаи

гоночний автомобіль

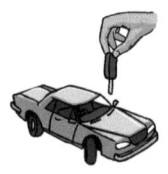

кирояи мошинҳо

автомобіль на прокат

ҳамроҳ истифодабарии мошин

спільне користування авто

эвакуатор

евакуатор

павтовчамъкунӣ

сміттєвоз

муҳаррик

двигун

сӯзишворӣ

паливо

нуқтаи фурӯши сӯзишворӣ

автозаправна станція

аломати роҳ

дорожній знак

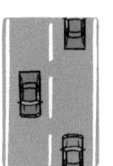

ҳаракат

рух

бандшавии ҳаракати роҳ

затор

ҷои исти мошинҳо

стоянка

истгоҳи роҳи оҳан

вокзал

роҳи оҳан

рейки

қатора

потяг

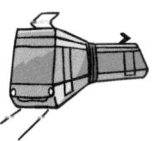

тамвай

трамвай

вагон

вагон

чархбол

гелікоптер

фурудгоҳ

аеропорт

манора

вежа

мусофир

пасажир

контейнер

контейнер

щутии картонй

коробка

ароба

візок

сабад

кошик

гирифтан / замин

стартувати / приземлятися

шаҳр

місто

деҳа

село

маркази шаҳр

центр міста

хона

дім

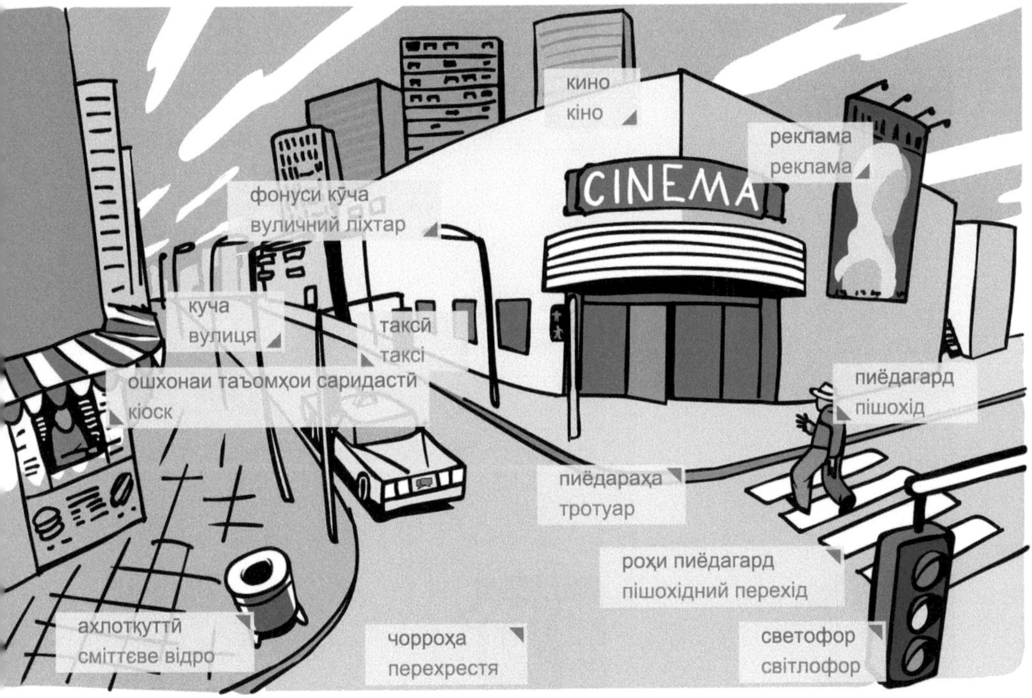

кино
кіно

реклама
реклама

фонуси кӯча
вуличний ліхтар

куча
вулиця

таксӣ
таксі

пиёдагард
пішохід

ошхонаи таъомҳои саридастӣ
кіоск

пиёдараҳа
тротуар

роҳи пиёдагард
пішохідний перехід

ахлоткуттӣ
сміттєве відро

чоррроҳа
перехрестя

светофор
світлофор

кулба
хатина

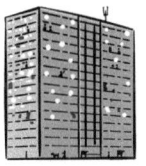

ҳамвор
квартира

истгоҳи роҳи оҳан
вокзал

бинои маъмурияти шаҳр
ратуша

осорхона
музей

мактаб
школа

шаҳр - місто

11

донишгоҳ

університет

бонк

банк

бемористон

лікарня

меҳмонхона

готель

доухона

аптека

идора

офіс

сехи китоб

книжковий магазин

сехи

магазин

мағозаи гулфурӯшӣ

квітковий магазин

супермаркет

супермаркет

бозор

ринок

универмаг

універмаг

мағозаи моҳифурӯшӣ

торговець рибою

маркази савдо

торговельний центр

бандар

гавань

парк

парк

бонк

лава

пул

міст

зинапоя

сходи

метро

метро

нақби

тунель

истгоҳи автобус

автобусна зупинка

бар

бар

тарабхона

ресторан

қуттии почта

поштова скринька

аломати номи кӯчаҳо

вулична табличка

ҳисобкунаки исти мошинҳо

лічильник паркування

боғи ҳайвонот

зоопарк

ҳавзи шиноварй

басейн

масҷид

мечеть

ферма

ферма

ифлоскунй

забруднення
навколишнього
середовища

қабристон

кладовище

калисо

церква

майдончаи бозӣ

дитячий майданчик

маъбад

храм

ландшафт

ландшафт

барг
листок

аломати роҳнамо
вказівний стовп

роҳ
шлях

алафзор
луг

санг
камінь

дарахт
дерево

сайёҳ
мандрівник

дарё
річка

алаф
трава

гул
квітка

водй
....
долина

кӯҳ
....
гора

кул
....
озеро

беша
....
ліс

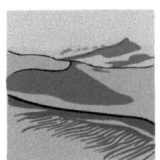

биёбон
....
пустеля

вулкан
....
вулкан

қалъа
....
замок

рангинкамон
....
веселка

занбӯруғ
....
гриб

дарати нахл
....
пальма

хомӯшак
....
комар

паридан
....
муха

мурча
....
мурашка

занбур
....
бджола

тортанак
....
павук

гамбӯсак

жук

қурбоққа

жаба

санчоб

вивірка

хорпушт

їжак

харгӯш

заєць

бум

сова

парранда

птах

мурғи қу

лебідь

хуки ваҳшӣ

кабан

оху

олень

гавазн

лось

сарбанд

гребля

турбина шамол

вітряк

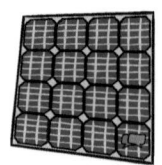

панел офтобӣ

сонячний модуль

иқлим

клімат

тарабхона
ресторан

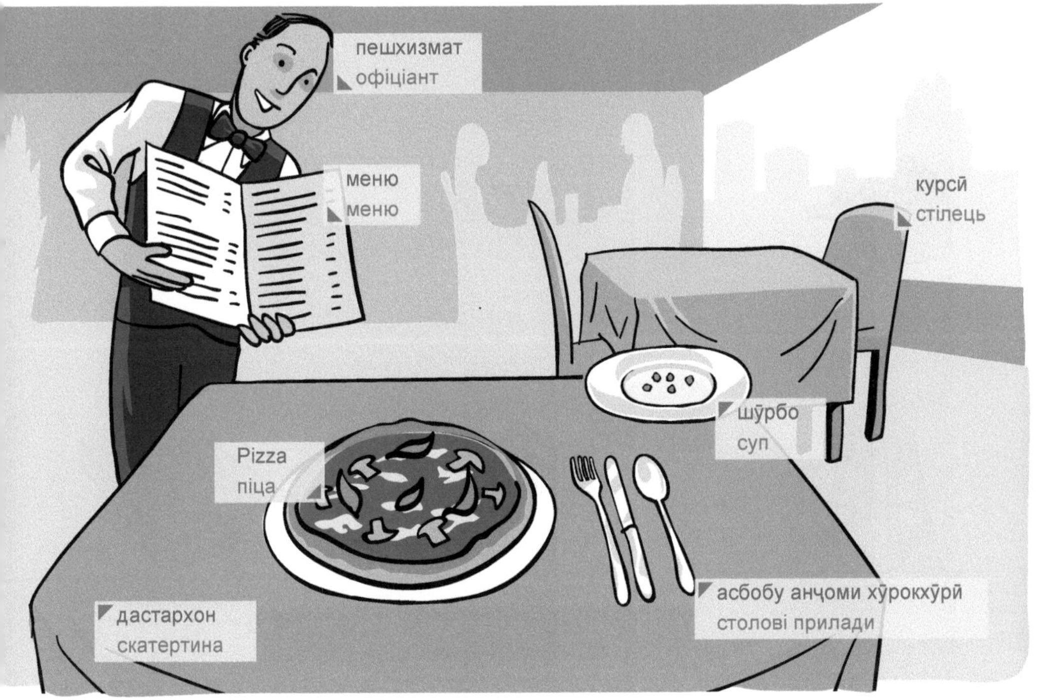

пешхизмат
офіціант
меню
меню
курсӣ
стілець
шӯрбо
суп
Pizza
піца
асбобу анҷоми хӯрокхӯрӣ
столові прилади
дастархон
скатертина

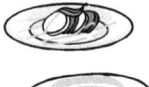

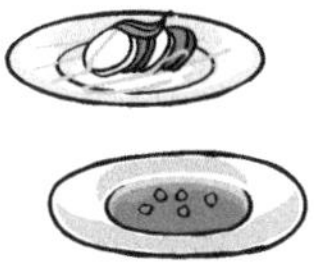

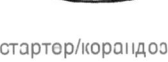

стартер/корандоз

закуска

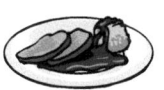

хӯроки асосӣ

друга страва

десерт

десерт

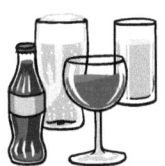

нӯшокиҳои

напої

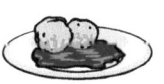

таъом

їжа

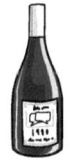

шиша

пляшка

Хӯроки Тез Таёр мешуда

фаст-фуд

хӯроки кӯчагӣ

вулична їжа

чойник

чайник

шакардон

цукорниця

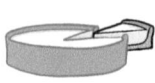

қисм/порча

порція

мошини espresso

еспресо-машина

курсии кӯдакона

високий стільчик

ҳисоб

рахунок

зарфмонак

піднос

корд

ніж

чангол

вилка

қошуқ

ложка

қошуқча

чайна ложка

сачоқи қоғазӣ

серветка

истакон

склянка

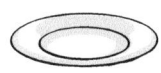

табақча
....
тарілка

косача
....
тарілка для супу

тақсимча
....
блюдце

соус
....
соус

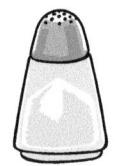

намакдон
....
солонка

мурчдон
....
млин для перцю

сирко
....
оцет

равғани растанӣ
....
масло

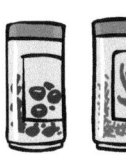

приправа
....
спеції

кетчуп
....
кетчуп

хардал
....
гірчиця

майонез
....
майонез

супермаркет

супермаркет

пешниҳоди махсус
пропозиція
мизоҷ
клієнт
шир
молочні продукти
мева
фрукти
аробача
візок для покупок
FOR

BUTCHERS

дукони гӯштфурӯшӣ

м'ясний магазин

BAKERY

дукони нонфурӯшӣ

пекарня

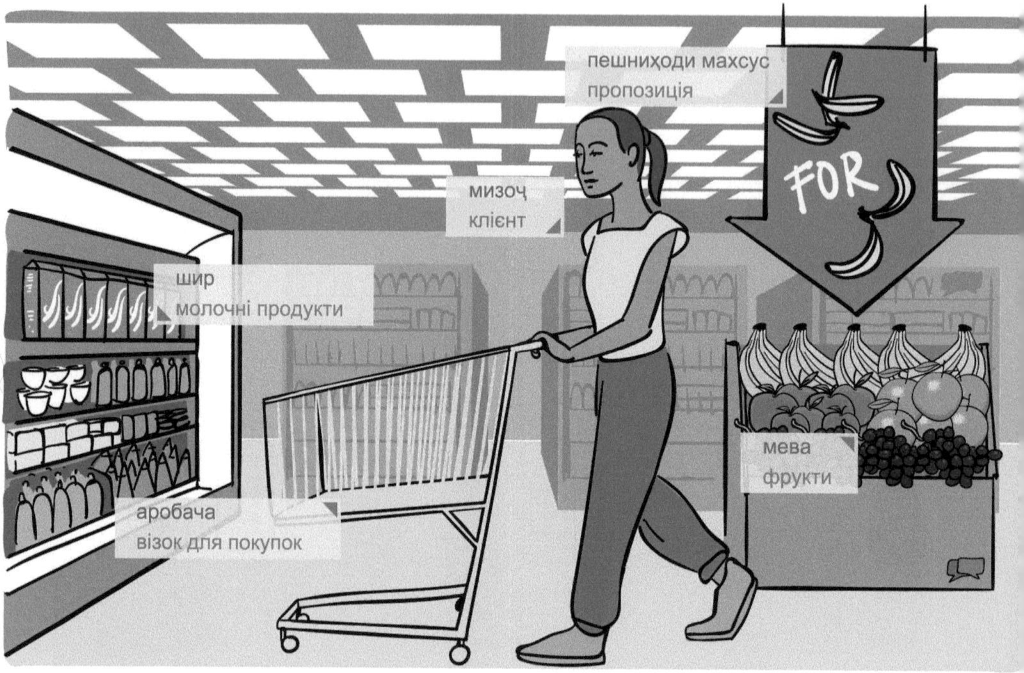

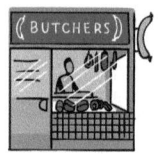

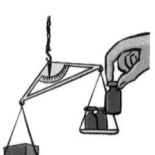

баркашидан

зважувати

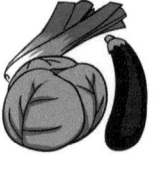

сабзавот

овочі

гӯшт

м'ясо

хӯроки яхбаста

заморожені продукти

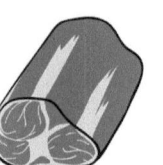

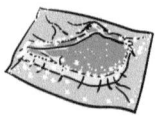

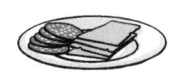

тилимҳои борик буридаи гушт

ковбасна нарізка

озуқавории консервонидашуда

консерви

хокаи либосшӯй

пральний порошок

ширинӣ

солодощі

асбоби рӯзгор

предмети домашнього побуту

воситаҳои тозакунанда

мийний засіб

фурӯшанда

продавщиця

касса

каса

кассир

касир

рӯихати харидкунӣ

список покупок

соат ифтитоҳи

часи роботи

ҳамён

гаманець

корти кредитӣ

кредитна картка

чуздо

сумка

пакет

поліетиленовий пакет

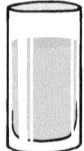

об
вода

шарбат
сік

шир
молоко

кола
кола

шароб
вино

оби ҷав
пиво

машрубот
алкоголь

какао
какао

чой
чай

қаҳва
кава

эспрессо
еспресо

каппучино
капучіно

банан

банан

себ

яблуко

норанчй

апельсин

харбуза

кавун

лимў

лимон

сабзй

морква

сир

часник

бамбук

бамбук

пиёз

цибуля

занбўруғ

гриб

чормағз

горішки

угро

локшина

спагеттй

спагеті

биринч

рис

салат

салат

картошкаи қоқак

картопля фрі

картошкабирён

смажена картопля

Pizza

піца

гамбургер

гамбургер

бутербурод

бутерброд

шнитсел

шніцель

гӯшти намакардаи хук

шинка

ҳасиби салямй

салямі

ҳасиб

ковбаса

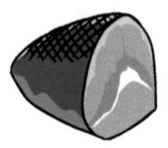

мурғ

курка

кабоб

печеня

моҳй

риба

x

ярмаи чав
....
вівсяні пластівці

омехтаи ғалладонагӣ
....
мюслі

ярмаи чуворимакка
....
кукурудзяні пластівці

орд
....
борошно

кулчақанд
....
круасан ·

кулчақанд
....
булочка

нон
....
хліб

як порча нони бирён
....
тостовий хліб

кулчачаҳои қандин
....
печиво

маска
....
масло

творог
....
сир

пирог
....
пиріг

тухм
....
яйце

тухм бирён
....
яєчня

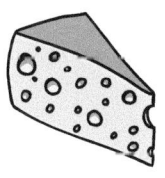

панир
....
сир

яхмос

морозиво

шакар

цукор

асал

мед

мураббо

мармелад

хамираи ҳалво

нуга-крем

Curry

карі

ферма

ферма

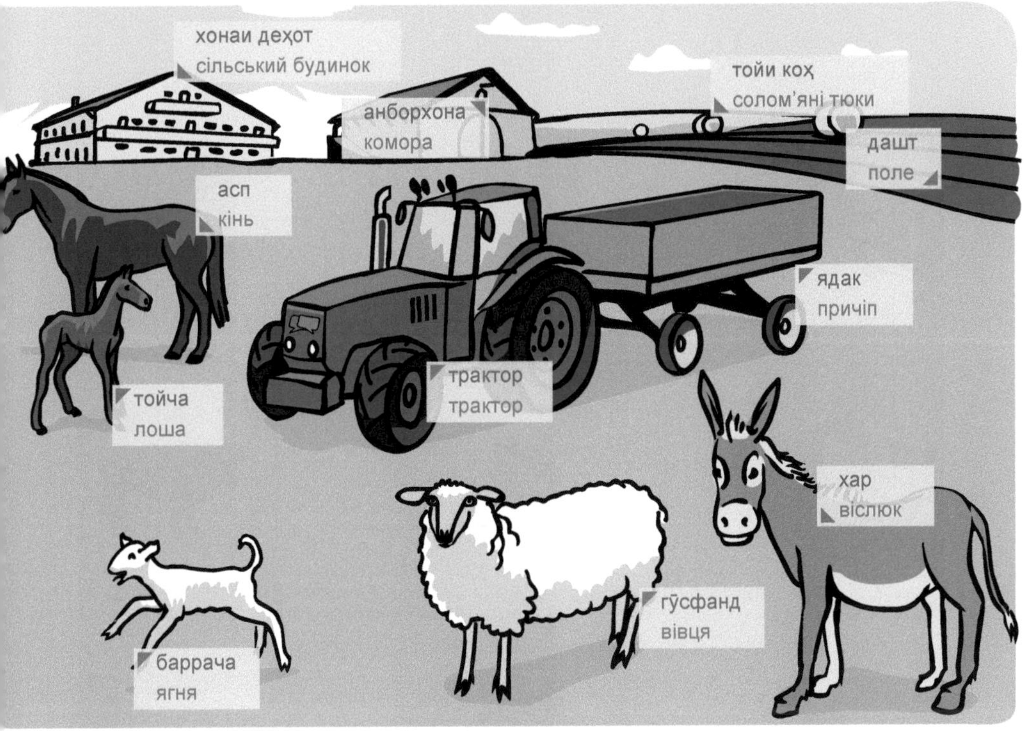
хонаи деҳот
сільський будинок
анборхона
комора
тойи коҳ
солом'яні тюки
дашт
поле
асп
кінь
ядак
причіп
трактор
трактор
тойча
лоша
хар
віслюк
гӯсфанд
вівця
баррача
ягня

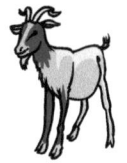

буз
коза

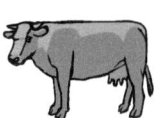

гов
корова

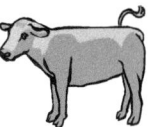

гӯсола
теля

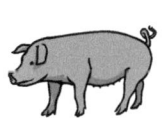

хук
свиня

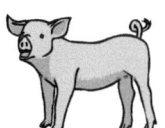

хукча
порося

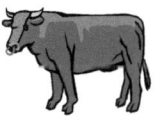

буққа
бик

қоз

гусак

мурғобӣ

качка

чӯҷа

курча

мурғ

курка

хурӯс

півень

каламуш

щур

гурба

кіт

муш

миша

барзагов

віл

саг

собака

хоначаи саг

собача будка

рӯдаи резинӣ

садовий шланг

камобӣ метавонад

лійка

дос

коса

сипори шудгоркунии
замин
плуг

доси

серп

каланд

мотика

панчшоха

вила

табар

сокира

ароба

тачка

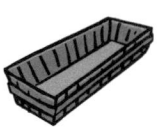

охур

корито

зарфи ширгирй

бідон молока

халта

мішок

девор

паркан

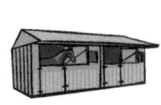

мӯътадил

хлів

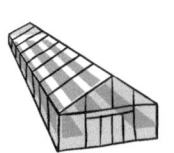

гармхона

теплиця

хок

ґрунт

тухмӣ

насіння

нурихо

добриво

комбайни ғаллағундорӣ

комбайн

ҳосил

пожинати

ҳосил

урожай

yams

корінь ямсу

гандум

пшениця

лубиж

соя

картошка

картопля

чуворй

кукурудза

донаи маъсар

ріпак

дарахти мева

плодове дерево

manioc

маніок

ғалладона

злаки

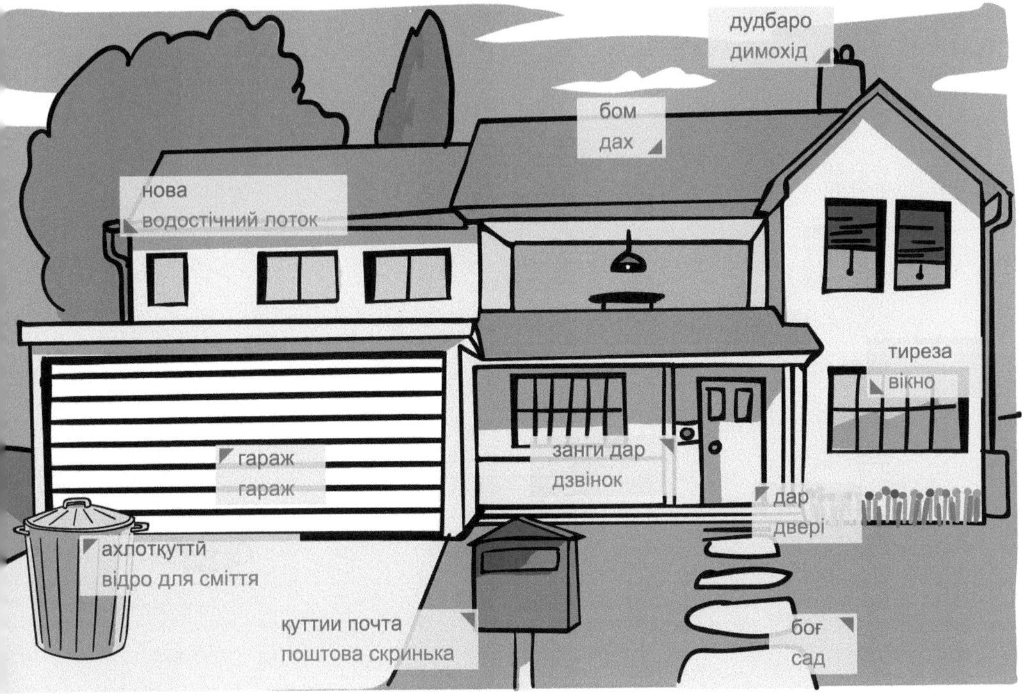

дудбаро
димохід

бом
дах

нова
водостічний лоток

тиреза
вікно

гараж
гараж

занги дар
дзвінок

дар
двері

ахлотқуттй
відро для сміття

куттии почта
поштова скринька

боғ
сад

мехмонхона

вітальня

ҳамом

ванна кімната

ошхона

кухня

хонаи хоб

спальня

ҳучраи кӯдакона

дитяча кімната

ошхона

їдальня

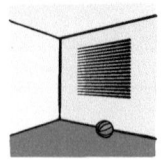

ошёна

підлога

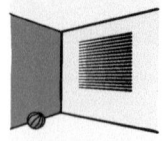

девор

стіна

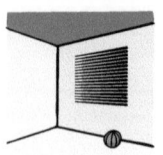

шифт

стеля

тагзаминй

підвал

сауна

сауна

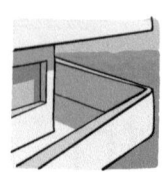

балкон

балкон

суфача

тераса

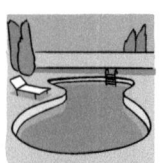

ҳавз

басейн

мошини алафдарав

косарка

варақ

простирало

кампал

ковдра

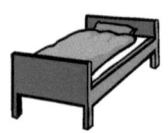

кат

ліжко

чорӯб

мітла

сатил

відро

калид

перемикач

мехмонхона
вітальня

зардеворӣ
шпалери
расм
малюнок
лампа
лампа
рафи китобмонӣ
поличка
чевони зарфҳо
шафа
телевизор
телевізор
оташдон
камін
гул
квітка
болишт
подушка
диван
диван
гулдон
ваза
пулт
пульт

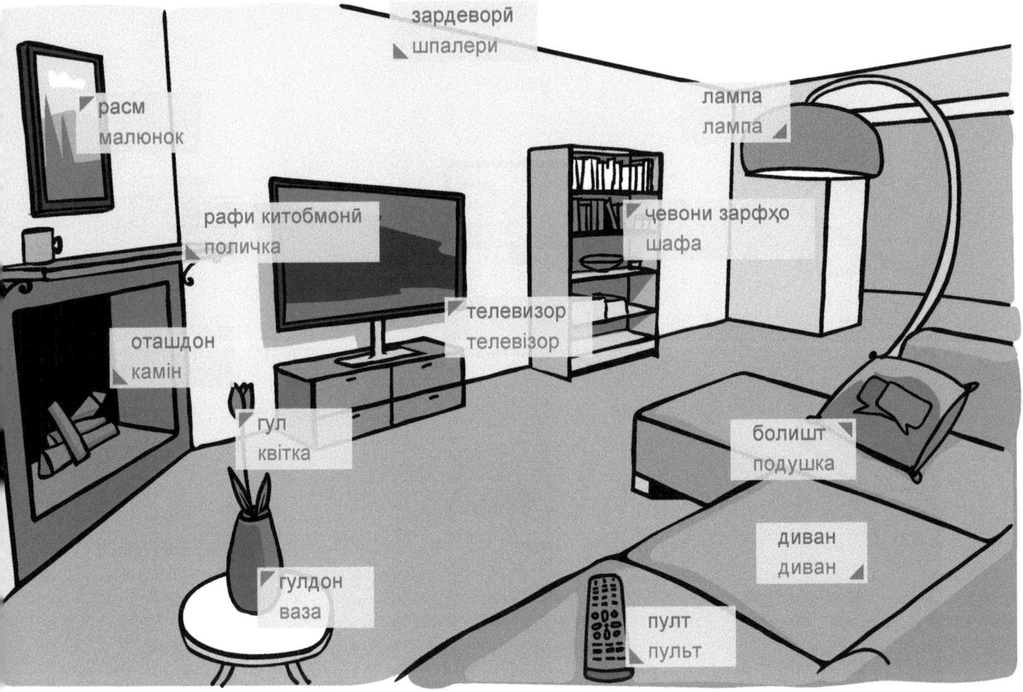

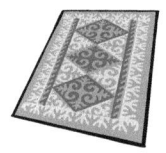

қолин
килим

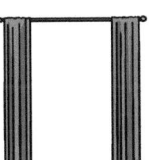

парда
завіса

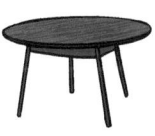

мизи
стіл

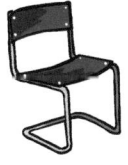

курсӣ
стілець

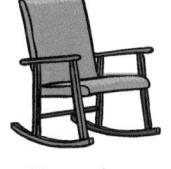

rocking кафедраи
крісло-гойдалка

курсӣ
крісло

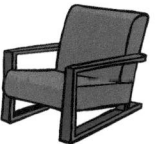

китоб

книга

курпа

ковдра

ороиш

прикраса

ҳезум

дрова

филм

фільм

дастгоҳи hi-fi

стереосистема

калид

ключ

рӯзнома

газета

расм

картина

эълон

плакат

радио

радіо

китобчаи қайдҳо

блокнот

чангкашак

пилосос

кактус

кактус

шам

свічка

ошхона
кухня

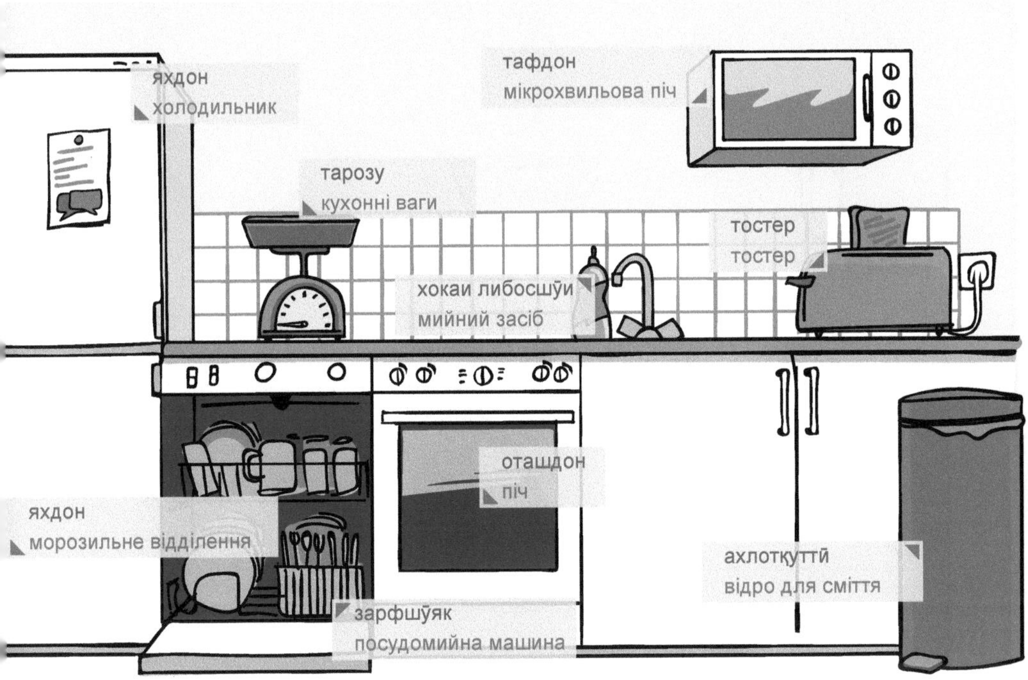
яхдон
холодильник
тафдон
мікрохвильова піч
тарозу
кухонні ваги
тостер
тостер
хокаи либосшӯи
мийний засіб
отащдон
піч
яхдон
морозильне відділення
ахлотқуттӣ
відро для сміття
зарфшӯяк
посудомийна машина

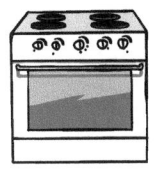

плита

плита

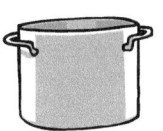

тубак

горщик

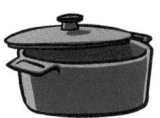

дег

чавунний горщик

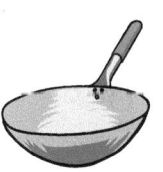

дег / кадй

вок / кадай

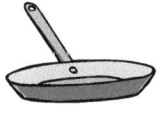

тоба

сковорода

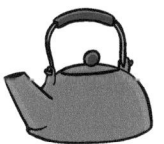

чойник

чайник

steamer

пароварка

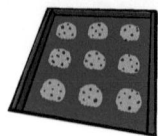

лист

лист

зарф

посуд

кружка

кухоль

коса

чаша

чубаки хурокхӯрӣ

палички для їжі

кафлези

черпак

кафлези ҳамвор

лопатка

whisk

вінчик для збивання

strainer

сито

элак

сито

турбтарошак

терка

миномет

ступка

Кабоб Кардан

барбекю

оташ кушод

багаття

тахтаи резакунӣ

дошка

чӯба

качалка

пӯккашак

штопор

банка

конзерва

консервокушояк

відкривачка

дастак

прихватки

дастшӯяк

раковина

чӯтка

щітка

исфанч

губка

блендер

міксер

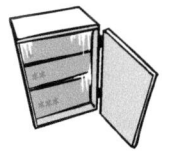

сармодон

морозильна камера

шишача

дитяча пляшка

чумак

кран

ҳамом

ванна кімната

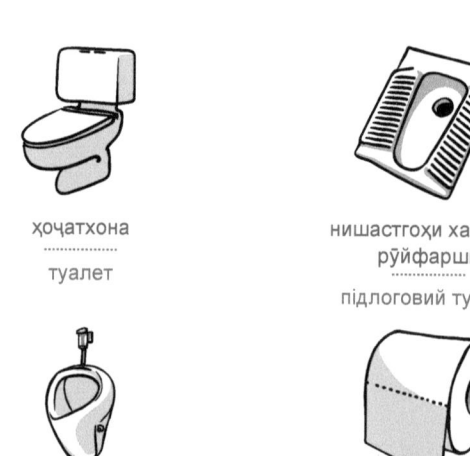

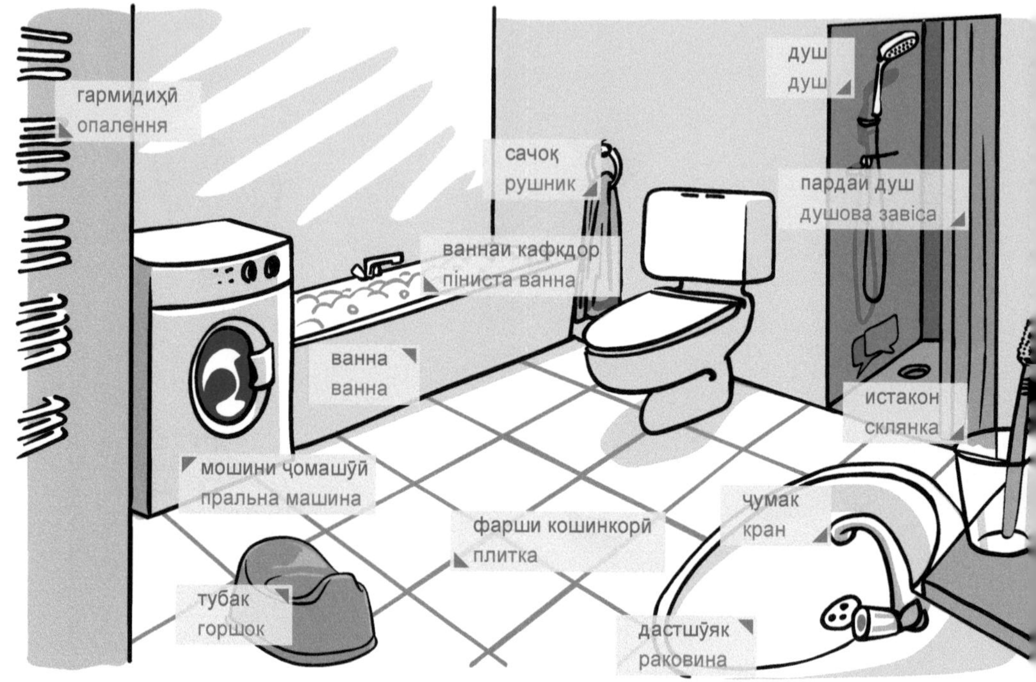
гармидиҳӣ
опалення
сачоқ
рушник
душ
душ
пардаи душ
душова завіса
ваннаи кафкдор
пініста ванна
ванна
ванна
истакон
склянка
мошини ҷомашӯӣ
пральна машина
ҷумак
кран
фарши кошинкорӣ
плитка
тубак
горшок
дастшӯяк
раковина

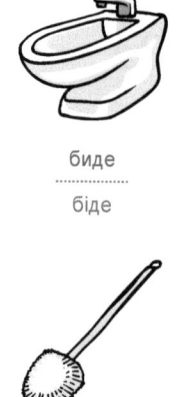

ҳоҷатхона

туалет

нишастгоҳи халоҷои рӯйфаршӣ

підлоговий туалет

биде

біде

ҳоҷатхонаи мардона

пісуар

коғази ташноб

туалетний папір

чӯткаи ҳоҷатхона

щітка для туалету

дандоншӯяк

зубна щітка

хамираи дандоншӯи

зубна паста

риштаи дандонтозакунӣ

нитка для чищення зубів

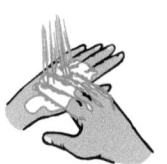

шӯстан

мити

души дастӣ

ручний душ

обшӯй

інтимний душ

ҳавза

таз

шона кардани мӯй

щітка для спини

собун

мило

гел барои душ

гель для душу

шампун

шампунь

бумазӣ

мочалка

заҳкаш

водостік

крем

крем

дезодорант

дезодорант

оина

дзеркало

оинаи дастй

косметичне дзеркало

риштарошаки барқи

бритва

кафк барои риштарошй

піна для гоління

оби мушкини баъди риштарошй

лосьйон після гоління

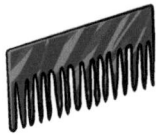

шона

гребінь

чӯтка

щітка

мӯйхушкунак

фен

лак барои мӯй

лак для волосся

косметика

косметика

лабсурхкунак

губна помада

лок барои нохун

лак для нігтів

пахта

вата

қайчии нохунгирй

ножиці для нігтів

атриёт

парфум

чузвдони косметики

косметичка

қазои ҳоҷат

табурет

тарозу

ваги

хилъат

халат

дастпӯшак резина

гумові рукавички

тампон

тампон

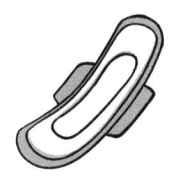

дастмоли санитарӣ

гігієнічні прокладки

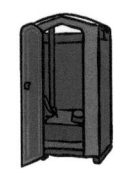

био-ҳоҷатхона

біотуалет

ҳуҷраи кӯдакона

дитяча кімната

соати рӯимизии зангдор
будильник
бозичаи мулоим
м'яка іграшка
мошини бозича
іграшковий автомобіль
тиқ-тиқ кардан
брязкальце
хоначаи бозичагӣ
ляльковий будиночок
ҳузур
подарунок

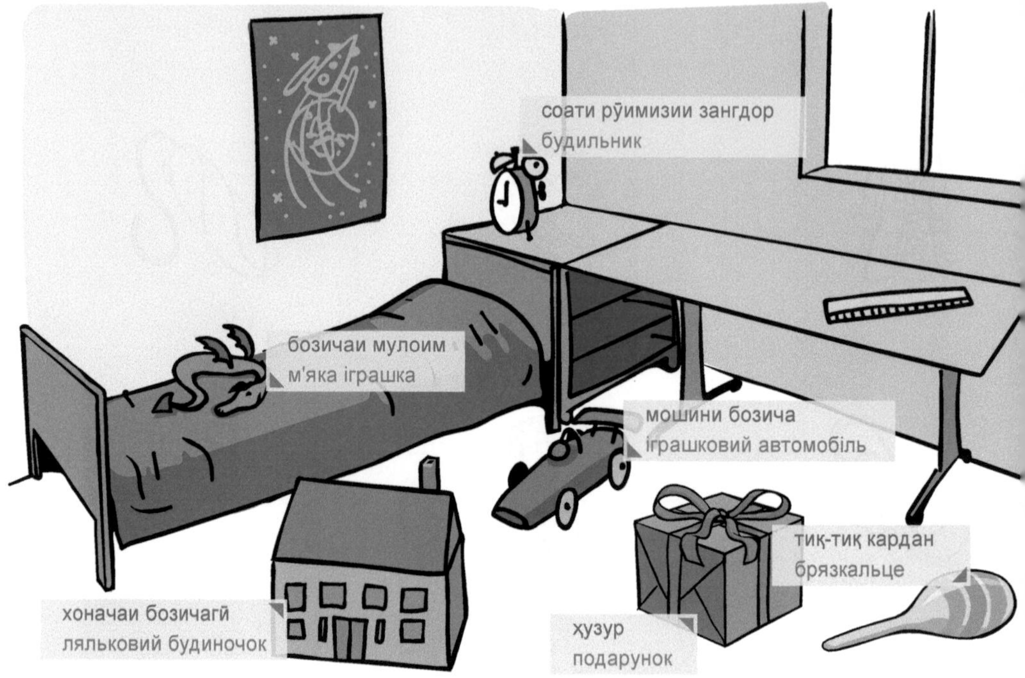

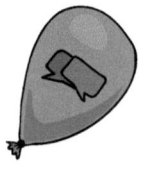

пуфак

повітряна кулька

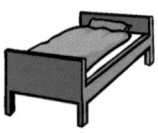

кат

ліжко

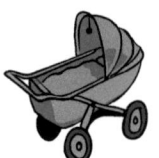

аробочаи кудакона

дитячий візок

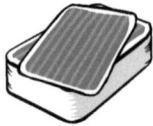

маҷмӯи кортҳо

картярська гра

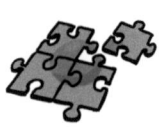

бозии муамоёбӣ

пазл

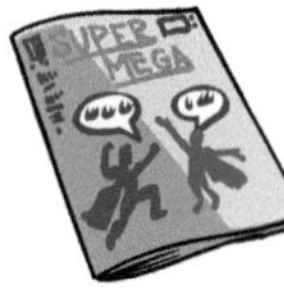

комикс

комікс

хиштҳои лего

лего цеглинки

мағозаи бозичафурӯхтан

блоки

рақам амал

іграшкова фігурка

либоси ғаваккашӣ

повзунки

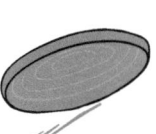

фрисби

фризбі

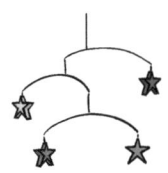

мобилӣ

мобіле

лавҳачаи бозӣ

настільна гра

кубик

кубик

мачмӯи модели қатора

модель залізнична станція

пистонак

соска

ҳизб

вечірка

китоби расм

книжка з картинками

тӯб

м'яч

лӯхтак

лялька

бози кардан

грати

қуттии рег

пісочниця

арғунчак

гойдалка

бозича

іграшка

консоли бозиҳои видеой

гральна консоль

велосипеди сечарха

триколісний велосипед

хирсаки бахмалии патдор

плюшевий мішка

чевон

шафа

либос

одяг

чуроб

шкарпетки

чуроби соқбаланд

панчохи

колготки

колготки

гарданпеч
шарф

чатр
парасоля

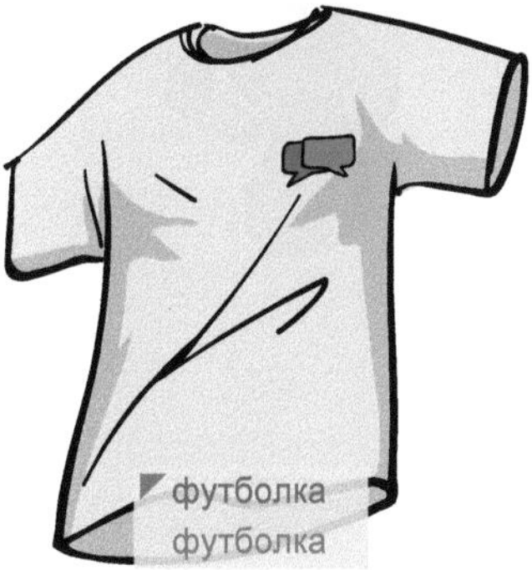

футболка
футболка

тасма
ремінь

пойафзол
чоботи

шиппак
домашнє взуття

кроссовки
кросівки

босоножкй
сандалі

пойафзол
взуття

музаи резинй
гумові чоботи

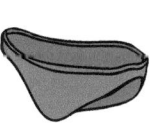

турсй
труси

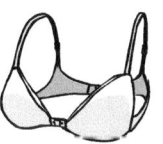

синабанд
бюстгальтер

майка
нижня сорочка

бадан

боді

шим

штани

чинс

джинси

юбка

спідниця

куртаи нимтаи занона

блузка

курта

сорочка

свитер

пуловер

свитер

светр

пичак

піджак

нимтана

куртка

палто

пальто

плаш

дощовик

костюм

костюм

куртаи занона

сукня

либос тӯйи

весільна сукня

костюм

костюм

куртаи хоб

нічна сорочка

пижама

піжама

Сари

сарі

рӯймол

головна хустка

салла

чалма

ниқобу

бурка

кафтан

кафтан

абая

абая

либоси обозӣ

купальник

эзорчаи шиноварии мардона

плавки

шорти

шорти

либоси варзишӣ

тренувальний костюм

пешбанд

фартух

дастпӯшак

рукавички

тугма

гудзик

айнак

окуляри

дастпона

браслет

гарданбанд

ланцюг

ангуштарин

кільце

гӯшвора

сережка

кулоҳ

шапка

либосовезак

плічка

кулоҳ

капелюх

галстук

краватка

занҷирак

застібка-блискавка

тоскулоҳ

шолом

шимбардор

підтяжки

либоси мактабӣ

шкільна форма

либоси

уніформа

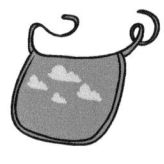

пешгир

нагрудник

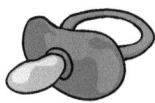

пистонак

соска

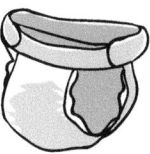

подгузник

підгузок

идора

офіс

сервер
сервер
чевони ҳуҷҷатмонӣ
шаф для документів
принтер
принтер
коғаз
папір
монитор
монітор
мушак
миша
мизи хатнависӣ
письмовий стіл
ҷузъгир
папка
клавиатура
синтезатор
курсӣ
стілець
сабади партофҳои коғазӣ
кошик для паперу
копютер
комп'ютер

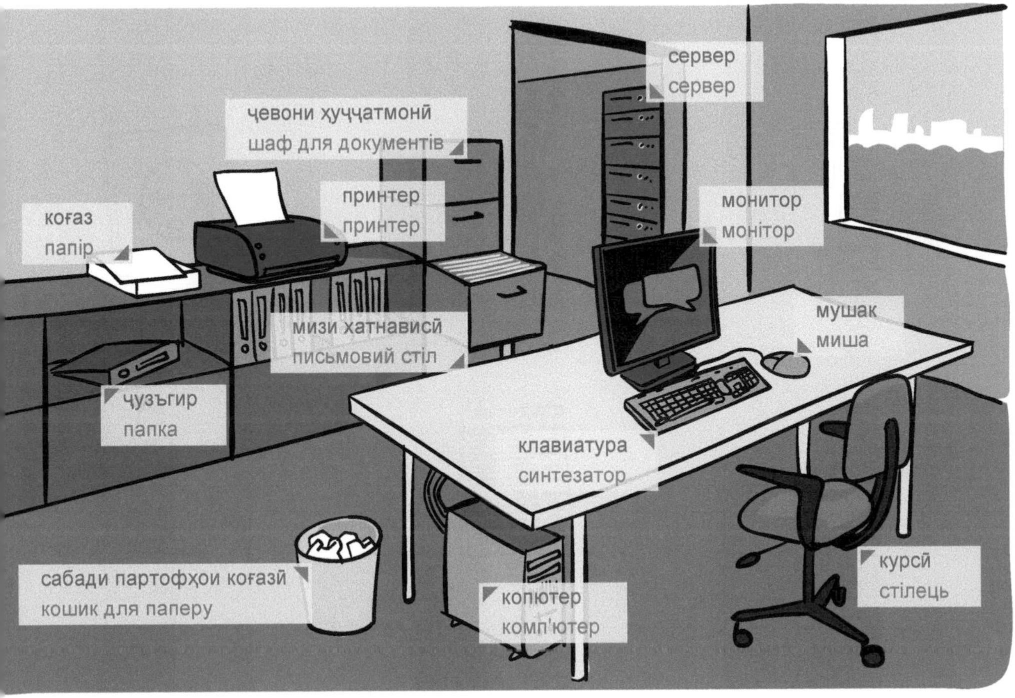

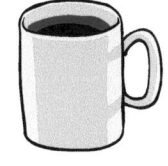

кружкаи қаҳванӯшӣ

кавовий кухоль

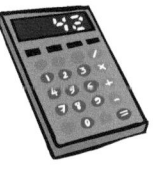

калкулятор

калькулятор

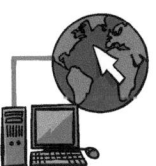

интернет

інтернет

ноутбук

ноутбук

мактуб

лист

хабар

повідомлення

телефони мобилй

мобільний телефон

шабака

мережа

нусхабардор

копіювальний пристрій

нармафзор

програмне забезпечення

телефон

телефон

розетка

розетка

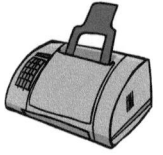

факс

факс

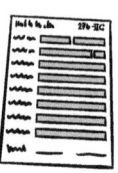

шакл

бланк

ҳуччат

документ

харидан

купувати

пардохт

платити

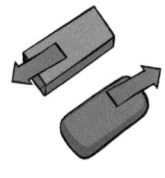

савдо

торгувати

пул

гроші

доллар

долар

евро

євро

йен

ієна

рубл

рубль

франки швейцариягӣ

франк

юан

юанів женьміньбі

рупӣ

рупія

нуқтаи нақд

банкомат

нуқтаи мубодилаи асъор

обмінний пункт

тилло

золото

нуқра

срібло

равғани растанӣ

нафта

энерги

енергія

нарх

ціна

шартнома

контракт

андоз

податок

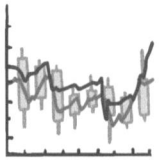

саҳмия

акція

кор

працювати

хизматчӣ

працівник

соҳибкор

роботодавець

завод

фабрика

сехи

магазин

касбҳо

професії

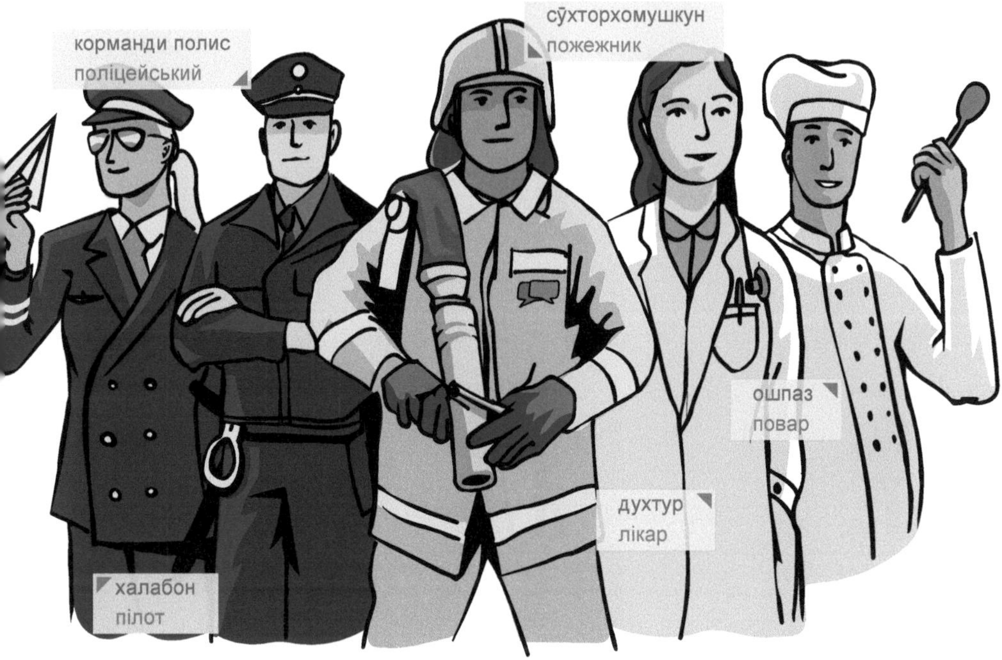

корманди полис
поліцейський
сӯхторхомушкун
пожежник
ошпаз
повар
духтур
лікар
халабон
пілот

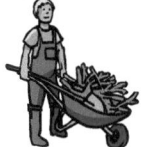

боғбон

садівник

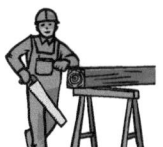

чӯбтарош

столяр

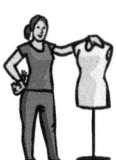

дӯзанда

швачка

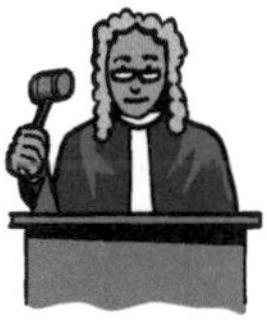

судя

суддя

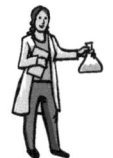

кимиёшинос

хімік

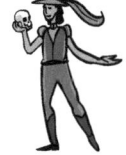

актер

актор

ронандаи автобус

водій автобуса

таксист

таксист

моҳигир

рибалка

фаррошзан

прибиральниця

устои бомпӯш

покрівельник

пешхизмат

офіціант

шикорчӣ

мисливець

расом

художник

нонвой

пекар

барқ

електрик

сохтмончӣ

будівельник

инженер

інженер

қассоб

забійник

устои шабакаи об

бляхар

хаткашон

листоноша

сарбоз
солдат

меъмор
архітектор

кассир
касир

гулфурӯш
флорист

сартарош
перукар

кондуктор
кондуктор

механик
механік

капатан
капітан

духтури дандон
дантист

олим
вчений

хохом
рабин

имом
імам

шайх
монах

саркохин
пастор

асбобҳо

інструменти

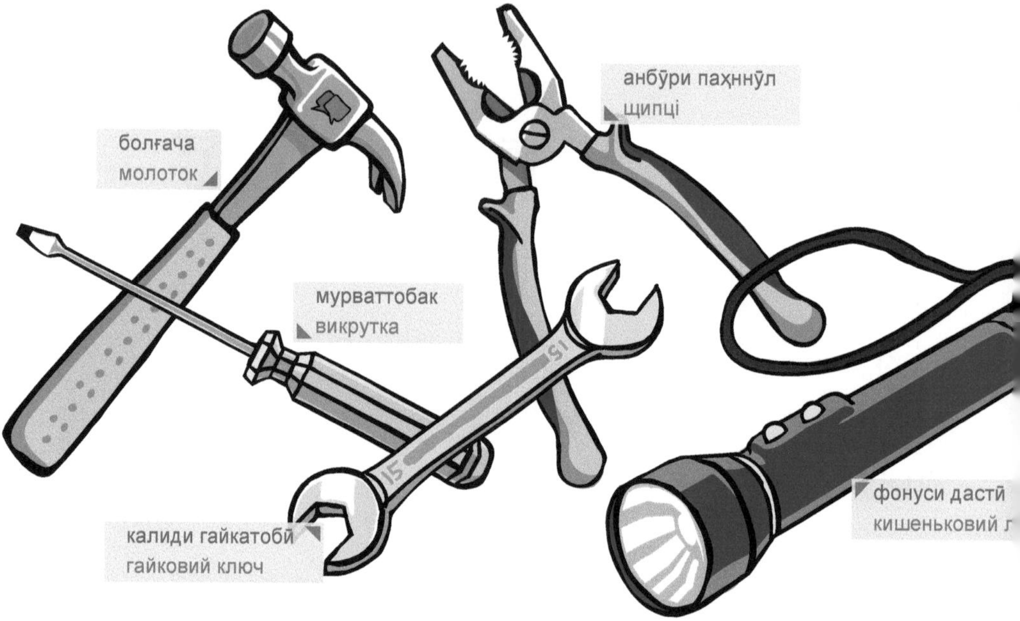
анбӯри паҳннӯл
щипці
болғача
молоток
мурваттобак
викрутка
фонуси дастӣ
кишеньковий л
калиди гайкатобӣ
гайковий ключ

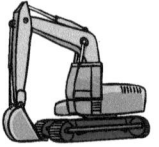

экскаватор

екскаватор

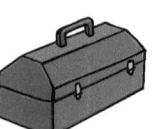

қутии асбобҳо

ящик для інструментів

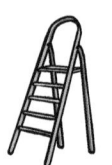

зинапоя

драбина

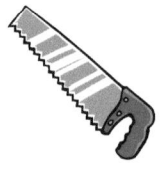

арра

пилка

мехҳо

цвяхи

пармаи электрикӣ

свердло

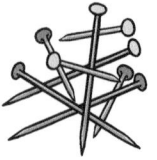

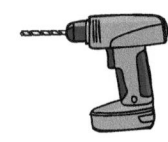

таъмир

ремонтувати

бел

лопата

Сабил монад!

лайно!

белчаи хокрӯбагирй

совок

сатили ранг

відро з фарбою

мехи печдор

гвинти

асбобҳои мусиқй

музичні інструменти

асбоби нақоразанй
ударна установка

динамик
динамік

контрабас
контрабас

карнай
труба

гитара
гітара

пианино

фортепіано

ғиччак

скрипка

бас-гитара

бас

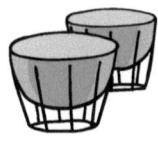

нақораи поядор

литаври

нақора

барабан

клавиатура

клавіатура

саксофон

саксофон

най

флейта

баландгӯяд

мікрофон

асбобҳои мусиқӣ - музичні інструменти

боғи ҳайвонот

зоопарк

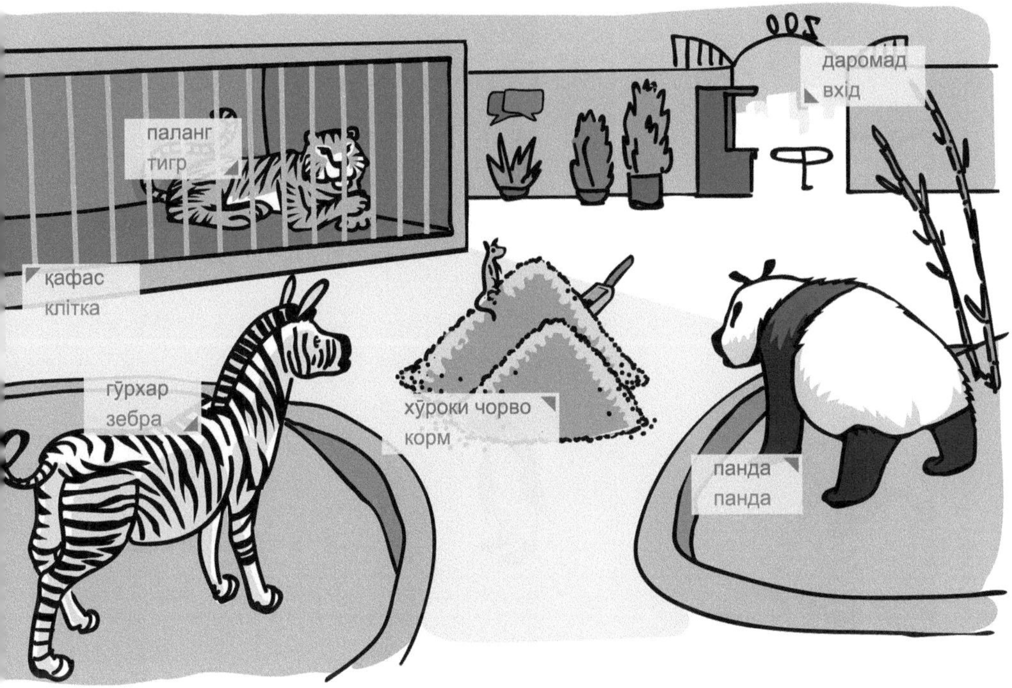
даромад
вхід
паланг
тигр
қафас
клітка
гӯрхар
зебра
хӯроки чорво
корм
панда
панда

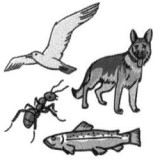

ҳайвонот

тварини

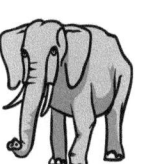

фил

слон

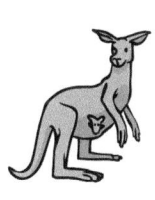

кенгуру

кенгуру

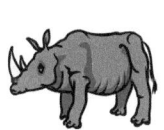

каркадан

носоріг

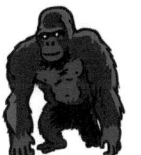

горилла

горила

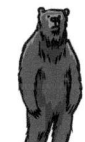

хирси бӯр

ведмідь

шутур

верблюд

шутурмурғ

страус

шер

лев

маймун

мавпа

бутимор

фламінго

тӯти

папуга

хирси сафед

білий ведмідь

пингвин

пінгвін

наҳанг

акула

товус

павич

мор

змія

тимсоҳ

крокодил

посбон

працівник зоопарку

сил

тюлень

ягуар

ягуар

боғи ҳайвонот - зоопарк

аспи кӯтоҳқад

пони

леопард

леопард

баҳмут

гіпопотам

заррофа

жираф

уқоб

орел

хуки ваҳшй

кабан

моҳй

риба

сангпушт

черепаха

морж

морж

рӯбоҳ

лисиця

ғизол/оҳу

газель

футболи амрикои
американський футбол

велосипедронй
їзда на велосипеді

теннис
теніс

баскетбол
баскетбол

шиноварй
плавання

бокс
бокс

хоккей
хокей

футбол
футбол

бадмингтон
бадмінтон

атлетика
легка атлетика

гандбол
гандбол

лижаронй
лижні перегони

тӯббозй бо асп
поло

паридан
стрибати

оғӯш гирифтан
обіймати

ханда
сміятися

пиёда рафтан
йти

шеър хондан
співати

орзӯ кардан
мріяти

ибодат кардан
молитися

бӯса кардан
цілувати

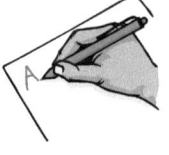

навиштан
писати

кашидан
малювати

нишон додан
показувати

тела додан
тиснути

додан
давати

гирифтан
брати

доранд

мати

кор

робити

бошад

бути

истодан

стояти

давидан

бігати

кашидан

тягнути

партофтан

кидати

афтидан

падати

дароз кашидан

лежати

интизор шудан

очікувати

бардошта бурдан

носити

нишастан

сидіти

либос пӯшидан

одягати

хобин

спати

бедор шудан

просипатися

нигоҳ кардан

дивитися

гиря кардан

плакати

сила кардан

гладити

шона

розчісувати

гап задан

розмовляти

фаҳмидан

розуміти

пурсидан

питати

гӯш кардан

слухати

нӯштдан

пити

хӯрдан

їсти

ғундоштан

прибирати

ишқ

любити

ошпаз

варити

рондан

їхати

парвоз кардан

літати

бо бодбон ҳаракат кардан

йти під вітрилом

ҳисоб кардан

рахувати

хондан

читати

омӯхтан

вчитися

кор

працювати

оиладор шудан

одружуватися

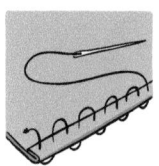

дӯхтан

шити

дадон шӯстан

чистити зуби

куштан

убивати

дуд

курити

фиристодан

посилати

оила
сім'я

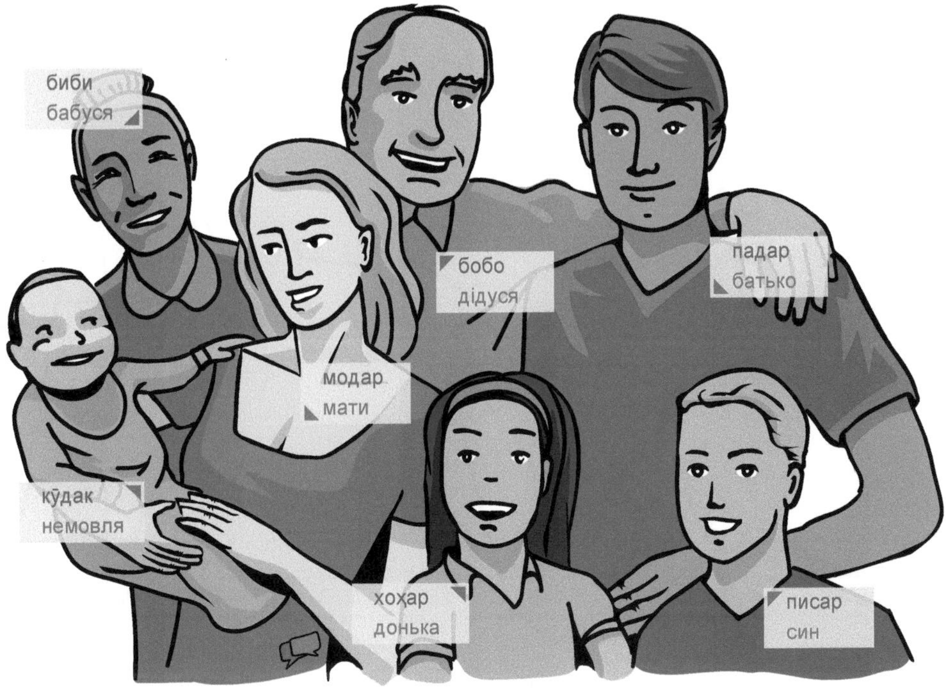
биби
бабуся
бобо
дідуся
падар
батько
модар
мати
кӯдак
немовля
хоҳар
донька
писар
син

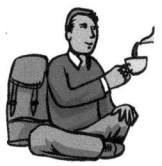

меҳмон

гість

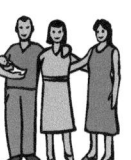

хола

тітка

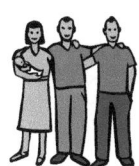

амак

дядько

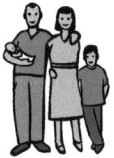

бародар

брат

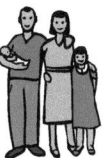

хоҳар

сестра

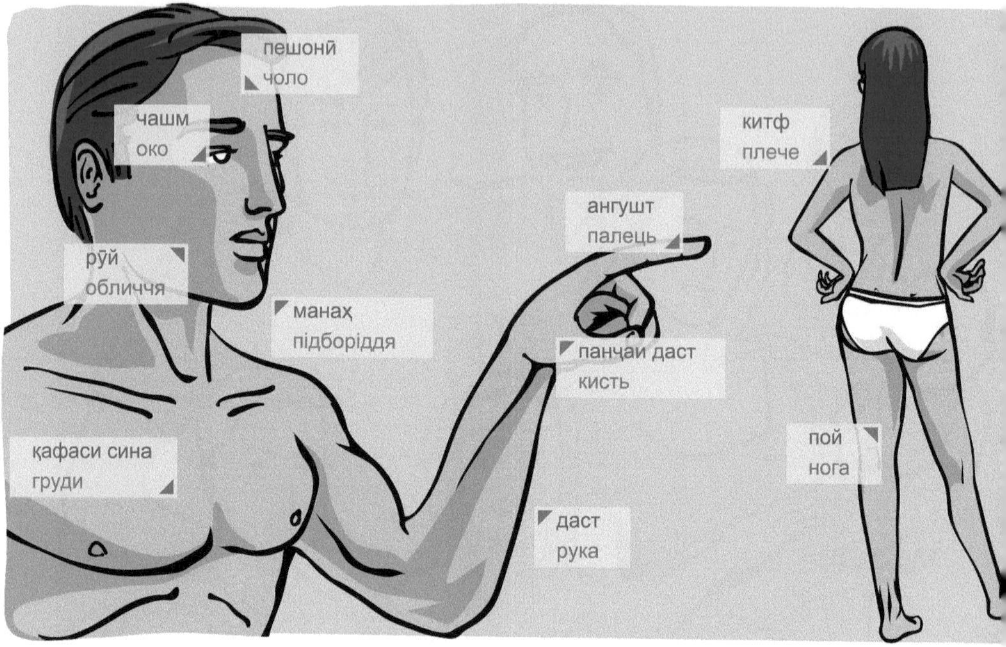

пешонӣ
чоло

чашм
око

китф
плече

ангушт
палець

рӯй
обличчя

манаҳ
підборіддя

панҷаи даст
кисть

қафаси сина
груди

пой
нога

даст
рука

кӯдак

немовля

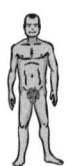

мард

чоловік

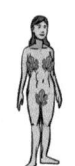

зан

жінка

духтар

дівчина

писар

хлопчик

сар

голова

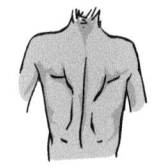

пушт

спина

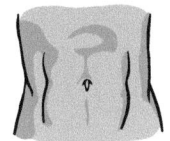

шикам

живіт

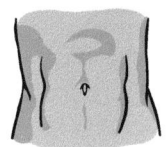

ноф

пуп

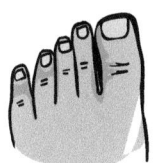

ангушти пой

палець ноги

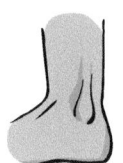

пошнаи пой

п'ята

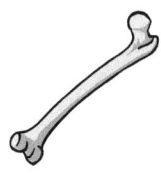

устухон

кістка

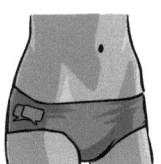

рон

стегно

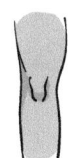

зону

коліно

оринч

лікоть

бинй

ніс

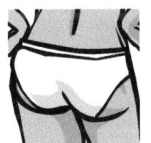

таг

сідниці

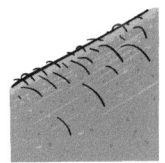

пӯст

шкіра

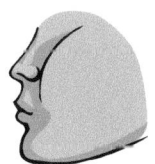

рухсора

щока

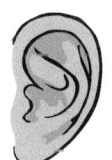

гӯш

вухо

лаб

губа

бадан - тіло

даҳон
рот

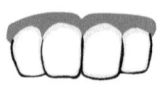

дадон
зуб

забон
язик

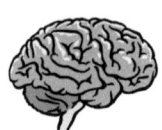

майнаи сар
мозок

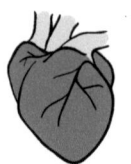

дил
серце

мушак
м'яз

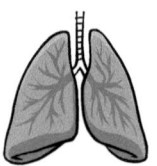

шуш
легені

ҷигар
печінка

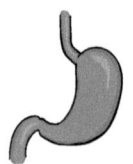

меъда
шлунок

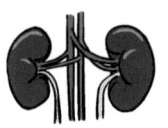

гурдаҳо
нирки

алоқаи ҷинсӣ
статевий акт

рифола
презерватив

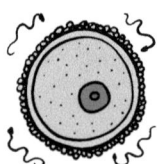

тухмхуҷайра
яйцеклітина

нутфа
сперма

ҳомиладорӣ
вагітність

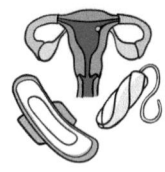

ҳайз

менструація

маҳбал

вагіна

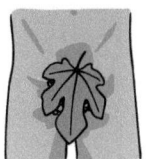

кер

пеніс

абрӯ

брова

мӯй

волосся

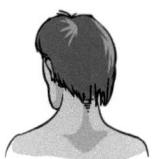

гардан

шия

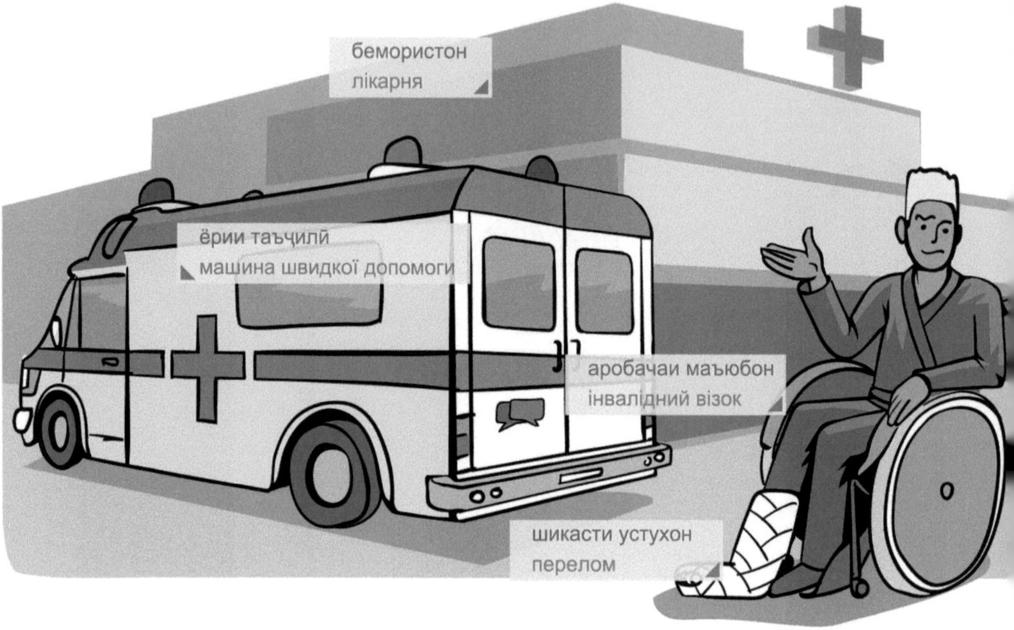

бемористон

лікарня

бемористон
лікарня
ёрии таъҷилӣ
машина швидкої допомоги
аробачаи маъюбон
інвалідний візок
шикасти устухон
перелом

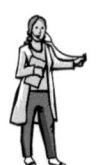

духтур

лікар

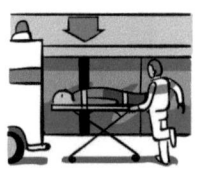

ҳуҷраи ёрии фаврӣ

відділення швидкої медичної допомоги

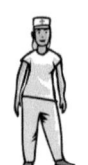

ҳамшираи тиббӣ

медсестра

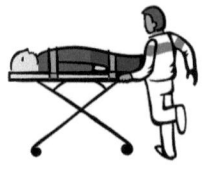

ҳолати фавқулодда

аварійний випадок

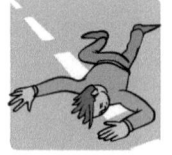

беҳуш

непритомний

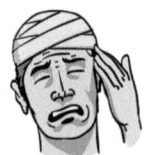

дард

біль

чароҳат

травма

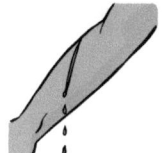

хунравй

кровотеча

дилзанак

інфаркт

сактаи майна

інсульт

аллергия

алергія

сулфа

кашель

табларза

лихоманка

грипп

грип

шикамравй

пронос

сардард

головна біль

саратон

рак

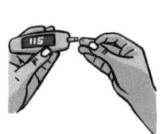

диабет

діабет

чаррох

хірург

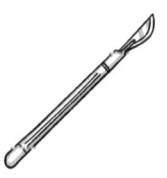

скалпел

скальпель

чаррохй

операція

Томографияи компютерй

КТ

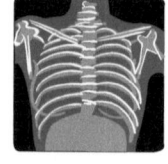

шӯъои ренгенй

рентген

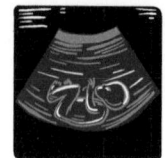

ултрасадо

ультразвук

ниқоби рӯй

маска

беморй

хвороба

ҳуҷраи интизорй

зал очікування

асобағал

милиця

марҳам

пластир

дока

пов'язка

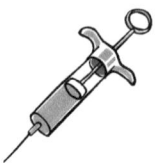

сӯзандору

ін'єкція

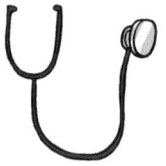

стетоскоп

стетоскоп

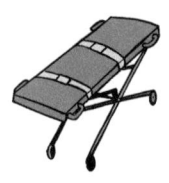

занбар

ноші

ҳароратсанҷ

термометр

таваллуд

народження

вазни зиёдатй

надмірна вага

тачхизоти шунавой

слуховий апарат

моддаи безараргардонй

дезінфікуючий засіб

инфексия

інфекція

вирус

вірус

ВИЧ / СПИД

ВІЛ / СНІД

дору

медицина

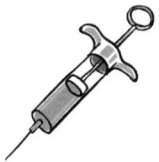

ваксинатсия

вакцинація

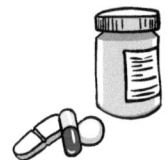

ҳабҳо

таблетки

ҳаб

протизаплідна пігулка

занги изтирорй

екстрений виклик

мониторы фишоры хун

тонометр

бемор/солим

хворий / здоровий

Кумак!

Допоможіть!

ҳушдор

сигнал тривоги

ҳучум

напад

ҳамла

атака

хатар

небезпека

баромадгоҳи таҳлиявӣ

аварійний вихід

Сӯхтор!

Вогонь!

оташнишон

вогнегасник

садама

аварія

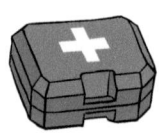

доруқуттӣ

аптечка

бонги хатар

СОС

полис

поліція

Аврупо

Європа

Америкаи Шимолй

Північна Америка

Америкаи Чанубй

Південна Америка

Африка

Африка

Осиё

Азія

Австралия

Австралія

Уқёнуси Атлантик

Атлантика

Уқёнуси Ором

Тихий океан

Уқёнуси Ҳинд

Індійський океан

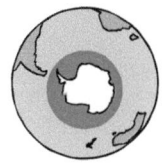

Уқёнуси Антарктика

Антарктичний океан

Уқёнуси Арктика

Північний Льодовитий
океан

Қутби шимол

Північний полюс

Қутби ҷануб

Південний полюс

Антарктика

Антарктика

замин

Земля

замин

суша

баҳр

море

ҷазира

острів

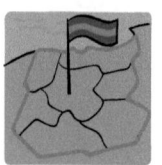

миллат

нація

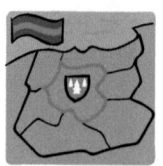

давлат

держава

сиферблат

циферблат

ақрабаки соат

годинникова стрілка

ақрабаки дақиқашумор

хвилинна стрілка

ақрабаки сонияшумор

секундна стрілка

Соат чанд?

Котра година?

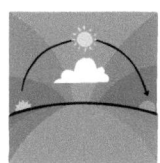

рӯз

день

замон

час

ҳозир

зараз

соати электронӣ

цифровий годинник

лаҳза

хвилина

соат

година

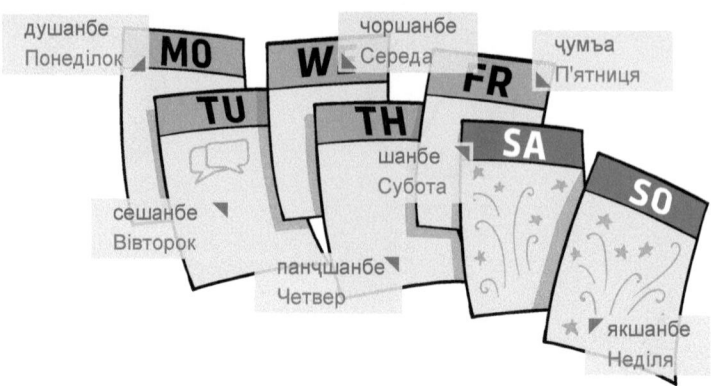

душанбе / Понеділок
чоршанбе / Середа
чумъа / П'ятниця
сешанбе / Вівторок
шанбе / Субота
панчшанбе / Четвер
якшанбе / Неділя

дирӯз

вчора

имрӯз

сьогодні

фардо

завтра

пагоҳирӯзй

ранок

нимрӯз

опівдні

шом

вечір

MO	TU	WE	TH	FR	SA	SU
1	2	3	4	5	6	7
8	9	10	11	12	13	14
15	16	17	18	19	20	21
22	23	24	25	26	27	28
29	30	31	1	2	3	4

рӯзҳои корй

робочі дні

MO	TU	WE	TH	FR	SA	SU
1	2	3	4	5	6	7
8	9	10	11	12	13	14
15	16	17	18	19	20	21
22	23	24	25	26	27	28
29	30	31	1	2	3	4

истироҳат

кінець робочого тижня

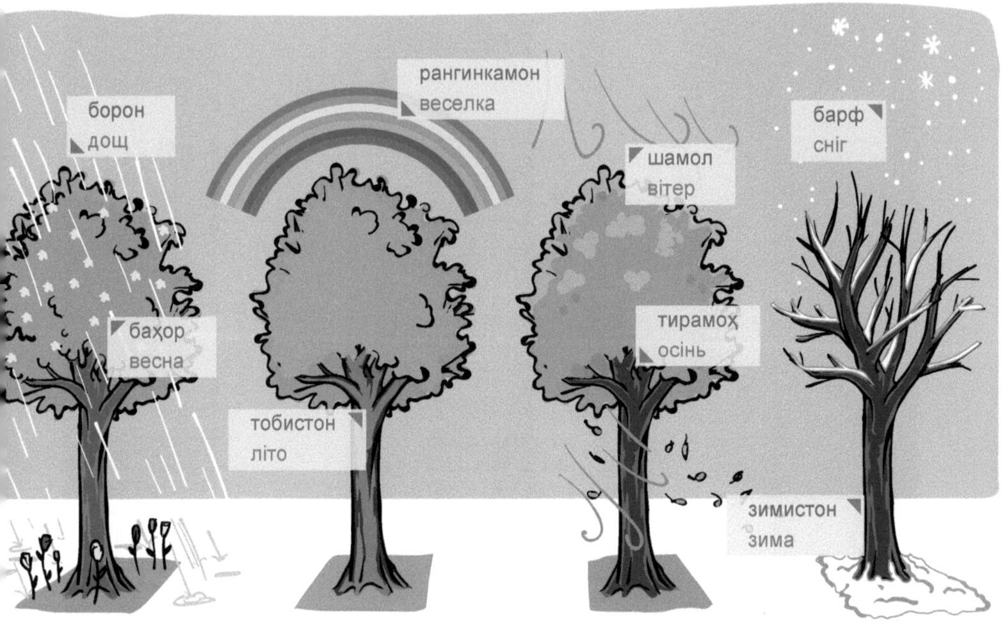

борон
дощ
рангинкамон
веселка
барф
сніг
шамол
вітер
баҳор
весна
тирамоҳ
осінь
тобистон
літо
зимистон
зима

4.APRIL 11°
5.APRIL 4°
6.APRIL 13°
7.APRIL 8°
8.APRIL 10°

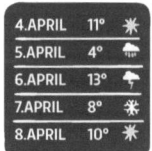

Обу ҳаво

прогноз погоди

F C
120 40
90 30
60 20
30 10
0 0
-30 -10
-20

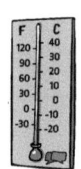

ҳароратсанҷ

термометр

равшании офтоб

сонячне світло

абр

хмара

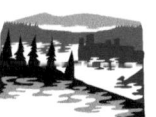

туман

туман

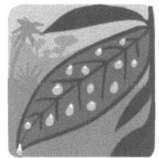

намнок

вологість повітря

барқ

блискавка

тундар

грім

тӯфон

шторм

жола

град

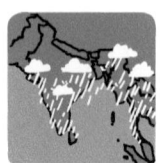

муссон

мусон

обхезй

повінь

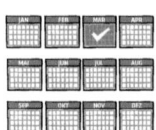

ях

лід

январ

Січень

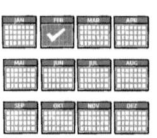

феврал

Лютий

март

Березень

апрел

Квітень

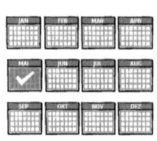

май

Травень

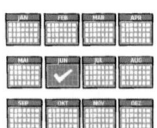

июн

Червень

июл

Липень

август

Серпень

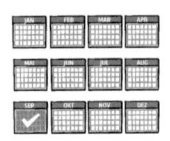

сентябр

Вересень

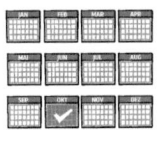

октябр

Жовтень

ноябр

Листопад

декабр

Грудень

баст
форми

давра

круг

мураббаъ

квадрат

росткунья

прямокутник

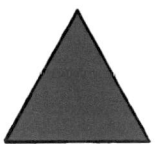

секунья

трикутник

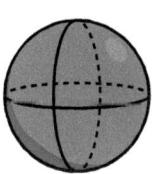

соньаи

куля

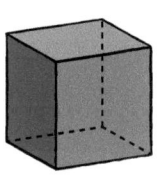

мукааб

куб

гулобй
....
білий

хокистаранг
....
жовтий

зард
....
помаранчевий

бунафшранг
....
рожевий

сурх
....
червоний

қаҳваранг
....
фіолетовий

кабуд
....
синій

сиёҳ
....
зелений

кабуд
....
коричневий

сафед
....
сірий

сабз
....
чорний

бисёр/кам

багато / мало

хашмгин / ором

лютий / мирний

зебо/безеб

гарний / бридкий

оғози / охири

початок / кінець

калон/хурд

великий / малий

дурахшон / торик

світлий / темний

бародари / хоҳар

брат / сестра

тоза/чиркин

чистий / брудний

пурра / нопурра

завершений /
незавершений

рӯзи / шаб

день / ніч

мурдагон / зинда

мертвий / живий

кушод/танг

широкий / вузький

хӯрданӣ /
хӯрданашаванда
їстівний / неїстівний

бад/нек

злий / дружній

ба ҳаяҷон / дилгир

збуджений / нудьгуючий

ғавс/борик

товстий / тонкий

якум/охирин

спочатку / востаннє

Дӯсти / душмани

друг / ворог

пур/холӣ

повний / порожній

сахт/мулоим

жорсткий / м'який

вазнин/сабук

важкий / легкий

гуруснагӣ / ташнагӣ

голод / спрага

бемор/солим

хворий / здоровий

ғайриқонунӣ / ҳуқуқӣ

незаконний / законний

соҳибақл / беақл

розумний / дурний

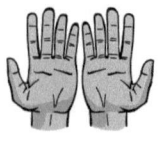

рост/чап

вліво / вправо

наздик/дур

поруч / далеко

мухолифат - протилежності

чави / истифода бурда мешавад

новий / використаний

хеҷ / чизе

нічого / щось

пир/чавон

старий / молодий

оид / хомӯш

вкл / викл

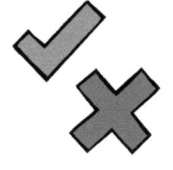

кушода/пӯшида

відкрито / закрито

паст/баланд

тихо / гучно

бой/камбағал

багатий / бідний

дуруст/нодуруст

правильно / неправильно

дурушт/ҳамвор

шорсткий / гладкий

ғамгин/хушбахт

сумний / щасливий

кӯтох/дароз

короткий / довгий

оҳиста/тез

повільно / швидко

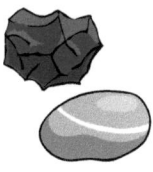

тар/хушк

вологий / сухий

гарм / сард

гарячий / холодний

ҷанг / сулҳ

війна / мир

0

нол

нуль

1

як

один

2

ду

два

3

се

три

4

чор

чотири

5

панҷ

п'ять

6

шаш

шість

7

ҳафт

сім

8

ҳашт

вісім

9

нӯҳ

дев'ять

10

даҳ

десять

11

ёздаҳ

одинадцять

12

дувоздаҳ
....
дванадцять

13

сензdaҳ
....
тринадцять

14

чордаҳ
....
чотирнадцять

15

понздaҳ
....
п'ятнадцять

16

шонздaҳ
....
шістнадцять

17

ҳабдаҳ
....
сімнадцять

18

ҳажaҳ
....
вісімнадцять

19

нуздaҳ
....
дев'ятнадцять

20

бист
....
двадцять

100

сад
....
сто

1.000

ҳазор
....
тисяча

1.000.000

миллион
....
мільйон

ададҳо - числа

89

мови

англисӣ
....
англійська

англисии амрикой
....
американська англійська

мандарини хитой
....
китайська
високочиновницька

ҳиндӣ
....
хінді

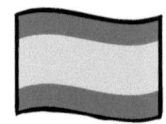

испанӣ
....
іспанська

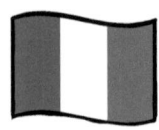

фаронсавӣ
....
французька

арабӣ
....
арабська

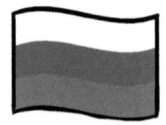

русӣ
....
російська

португалӣ
....
португальська

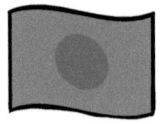

бенгалӣ
....
бенгальська

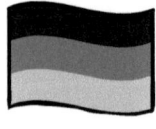

олмонӣ
....
німецька

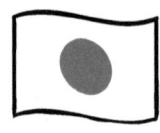

чопонӣ
....
японська

ман

я

шумо

ти

Ӯ / вай / он

він / вона / воно

мо

ми

шумо

ви

онхо

вони

ки?

хто?

чй?

що?

Чй хел?

як?

дар кучо?

де?

кай?

коли?

ном

ім'я

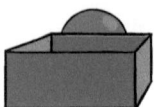

аз паси
....
ззаду

дар
....
в

дар пеши
....
перед

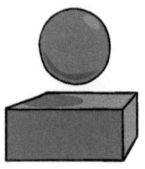

дар болои
....
над

дар рӯи
....
на

дар зери
....
під

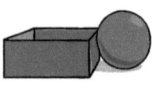

дар назди
....
біля

миёни
....
між

чой
....
місце